I0123123

POLITIQUE INTERNATIONALE

JEAN DE RADEVAL

1892

FRANCE, ALLEMAGNE

ET TONKIN

« En politique comme en guerre,
le combat n'est pas le but..... c'est
la victoire. » Manin.
La France veut la paix, la liberté
et ses provinces.
                            * * *

PARIS

TYPOGRAPHIE CHAMEROT ET RENOUARD

19, RUE DES SAINTS-PÈRES, 19

1892

Tous droits réservés

L 57 b
10652

1892

FRANCE, ALLEMAGNE

ET TONKIN

b 57
10652

POLITIQUE INTERNATIONALE

JEAN DE RADEVAL

1892

FRANCE, ALLEMAGNE

ET TONKIN

« En politique comme en guerre,
le combat n'est pas le but..... c'est
la victoire. »   MANIN.
La France veut la paix, la liberté
et ses provinces.

* * *

PARIS

TYPOGRAPHIE CHAMEROT ET RENOUARD

19, RUE DES SAINTS-PÈRES, 19

1892

Tous droits réservés

FRANCE ET TONKIN

Décembre 1891.

L'Indo-Chine est devenue française par droit de conquête, par droit du sang. Mais, au point de vue commercial, elle nous a échappé, et ce résultat était facile à prévoir. — L'industrie de France ne peut soutenir la concurrence, sur les marchés libres du monde, avec l'Allemagne, l'Angleterre et la Chine.

Cet état de choses ne saurait cependant porter atteinte à l'orgueil national d'un pays qui croit à la liberté, qui en a beaucoup souffert, et qui, après avoir tant fait pour elle, s'est résigné à en subir toutes les exigences, quelque compromettantes qu'elles soient, même encore aujourd'hui.

Les traités de commerce rapprochent les peuples, et, à moins de rompre l'équilibre humanitaire, d'isoler des autres nations la France et les États d'extrême Orient qu'elle protège, il faut se soumettre, sauf certaines restrictions qui égalisent les chances, les enjeux, à la grande loi d'indépendance commerciale et industrielle du libre-échange.

Tout s'enchaîne dans l'état politique d'un pays, et la

liberté des transactions donne, à l'extérieur, dans un port franc, la cote réelle de l'état industriel du monde.

La difficulté de vivre, les impôts élevés, élèvent les salaires de l'ouvrier ; le droit au travail ne suffit pas ; il faut le droit de vivre ; et tout se répercute, tout s'enchaîne.

Les pays pauvres sont, on le sait, ceux où l'on vit le mieux, le plus facilement, à meilleur marché. Ce sont peut-être, de fait, les plus riches ; tout est relatif ! — Au Tonkin, en Annam, on vivait plantureusement pour 15 à 18 sapèques par jour, et une pièce de 5 francs représentait 1000 sapèques.

L'occupation a modifié la situation économique de l'Indo-Chine, mais ne l'a pas enrichie ! — Notre intervention en extrême Orient aura surtout servi à donner un nouvel essor aux transactions commerciales de l'Allemagne, de l'Angleterre et de la Chine.

Tout a été dit et tout reste encore à dire sur le Tonkin, car rien n'est fait.

Nous nous agitons dans un cercle vicieux dont nous ne pouvons sortir, parce que le mal n'est pas seulement au Tonkin ; il est en France, et nous retombons, par une loi fatale, quoi que nous fassions pour nous en défendre, dans ces agitations, ces angoisses, qui témoignent de notre manque de confiance dans l'avenir.

Sans s'émouvoir outre mesure de ces combats fréquents contre les bandes de pirates annamites ou d'irréguliers chinois qui franchissent la frontière, on ne peut s'empêcher de penser que, pour la France, cette situation au Tonkin, toujours chancelante, ne laisserait aucun regret s'il était possible d'y mettre un terme, en conciliant en même temps son honneur et ses intérêts.

En réalité, nous n'avons pas d'intérêts engagés là-bas. — Nous n'y avons que notre amour-propre ! — Nous avons peut-être mieux à faire !

Nous avons engagé notre amour-propre national à l'aventure !

Pour donner la note exacte de la situation de notre colonie d'extrême Orient, il suffirait de se reporter de quelques années en arrière et de montrer l'Annam et le Tonkin tels qu'ils étaient au lendemain de l'occupation.

Malgré tant d'efforts et tant de sacrifices, nous n'avons pas fait un pas dans la voie d'absorption, dans l'œuvre de pacification réelle du pays, et ce grand débouché de 15 millions de consommateurs promis à notre commerce, à nos industries, se résume à presque rien. Nous ne pouvons pas soutenir la concurrence de l'Angleterre et de l'Allemagne ; nous n'exportons pas pour 500 000 francs de marchandises. Il est donc vrai que nous n'avons pas d'intérêts engagés en Indo-Chine.

En France, nous continuons à discuter sur nos fautes, à exprimer des regrets d'avoir entrepris cette expédition aventureuse ; et, hier encore, à l'occasion du vote de 25 millions demandés pour le budget du Tonkin, une fraction du Parlement a pu manifester très nettement le projet d'abandon en refusant de s'associer au vote.

En réalité, l'affaire du Tonkin, qui aurait dû réussir dès le début, s'est trouvée compromise par des fautes qu'il eût été facile d'éviter.

Nous avons gaspillé beaucoup d'argent, et notre prestige même en est resté quelque peu atteint aux yeux des Asiatiques.

Nous nous agitons sans vouloir préciser les moyens de

sauver l'honneur de nos armes et les véritables intérêts de
la France. La vérité est que nous n'osons pas le faire. Nous
savons cependant pourquoi nous n'avons pas réussi.

Cet insuccès, dont la responsabilité échappe, tant elle
s'est divisée, s'explique cependant, en partie, par l'enchaînement des erreurs que nous avons commises. — Elles
doivent donner à réfléchir.

Il est bien vrai qu'après Sontay, le Tonkin aurait pu être
pacifié, organisé en quelques mois.

Nous ne l'avons pas compris.

Il est bien tard maintenant pour revenir en arrière, re-
gagner tout le terrain perdu; nous avons bâti sur du sable,
et quand la base manque, l'édifice croule!

L'amiral Courbet avait achevé la conquête; la cour
d'Annam, qui avait soutenu les Pavillons Noirs, était
tremblante à ses pieds; le Tonkin, tout entier, Français et
Annamites acclamaient le libérateur, et l'amiral eût dirigé
d'une main sûre ce pays qu'il aimait, avec toute l'autorité
de sa science, tout le prestige de ses victoires. Il avait, on
le savait, toutes les qualités et l'expérience d'un grand
administrateur; on l'avait vu à l'œuvre dans le gouvernement de la Nouvelle-Calédonie; il se serait dévoué à l'Indo-
Chine sans autre pensée que celle de l'accomplissement de
son devoir, et aurait poussé vigoureusement ce vaste
pays dans la voie de tous les progrès. — Son intelligence
hors ligne, son activité, eussent assuré le succès d'une
colonisation rapide; nous aurions renouvelé au Tonkin, en
plus grand, d'une façon plus prompte encore, la transfor-
mation de la Basse-Cochinchine qui a été faite sous la direction des amiraux qui s'y sont succédé comme gouverneurs.

Mais le gouvernement de la République crut devoir relever de ses fonctions le vaillant homme de guerre, le lendemain de la victoire de Sontay, pour mettre à sa place le général Millot. — C'était une grande faute.

L'amiral Courbet et le général Millot sont morts. Leurs noms sont entrés dans le domaine de l'histoire. Le premier restera légendaire dans notre marine ; le second est déjà oublié ; mais le rapprochement de ces deux noms appelle encore notre attention pour montrer les conséquences de notre politique dans l'enchaînement des événements qui se sont succédé en extrême Orient.

Nous les rappellerons brièvement pour en déduire ensuite, par l'aveu des fautes commises, quelques inductions dans la voie de politique d'apaisement qui devrait diriger l'Europe.

L'amiral Courbet avait quitté Hanoï au commencement de l'année 1884, pour reprendre le commandement de sa division navale dans la baie d'Along.

Il peut paraître intéressant de regarder aujourd'hui dans le passé avant d'arrêter nos projets d'avenir et de montrer les causes de paix et de guerre, les alternatives de trouble profond et d'espérances déçues, qui n'ont cessé d'agiter le Tonkin depuis le jour de notre occupation et en ont consommé la ruine.

Une affaire qui a coûté tant de sang, tant d'argent, et qui en coûtera encore beaucoup, mérite qu'on en parle, qu'on la scrute et qu'on montre enfin ce qu'elle a été, ce qu'elle aurait pu être et ce qu'elle peut devenir. — Ce n'est pas en voilant la vérité qu'on peut éclairer une situation aussi confuse. Mieux vaut encore apprécier, reconnaître l'étendue de ses fautes et de ses erreurs... Ne serait-ce que pour éviter de les renouveler et juger de l'étendue des sacrifices qu'elles exigent.

Un patriotisme éclairé ne peut se contenter d'échappatoires et de mensonges.

L'affaire du Tonkin a été engagée par des marins ; il ne pouvait en être autrement. Ce sont des officiers de marine, des commandants, des amiraux, qui ont assumé sur eux les premières responsabilités de l'occupation du Tonkin ; mais on ne peut s'empêcher de regretter que ces responsabilités de la marine aient passé en d'autres mains, moins compétentes, moins aptes à assurer le succès. Dès le début, le ministère de la marine ne put se soustraire à l'envahissement de l'élément civil dans la direction de notre politique de conquête et d'absorption du Tonkin. Un amiral, un chef résolu, aurait pu s'y opposer, peut-être ; mais le conseil des ministres imposa sa volonté et, en 1884, de gré ou de force, le ministre de la marine fut obligé de faire toutes les concessions à l'esprit du jour et d'accepter, même, le principe d'un gouverneur civil dans un pays qui était encore à conquérir.

M. Harmand fut nommé par le ministre de la marine et accompagna l'amiral Courbet. Pendant qu'on se battait à Bac-Ninh, les résidents attendaient à Haïphong que les places fussent prises, pour aller en prendre à leur tour possession administrativement, et notre administration coloniale qui, depuis longtemps, a cessé de faire l'envie et l'admiration de l'Europe, s'est abattue sur le Tonkin.

Nous ne sommes guère plus avancés aujourd'hui qu'au

lendemain de Sontay. De fait, *nous le sommes moins*, parce qu'un mal, quand il est devenu chronique, devient chaque jour plus difficile à guérir, et que nous souffrons depuis trop longtemps d'une situation qui peut se résumer en trois mots : *manque de confiance.* Après la victoire de l'amiral Courbet, il y avait un grand élan qui a été arrêté net. Le général Millot, en succédant à l'amiral, a montré tout de suite la mesure de ses forces, de ses aptitudes. Étaient-ce bien les garanties de la valeur militaire et de l'intelligence de cet officier qui avaient décidé de sa nomination au poste de commandant en chef et de gouverneur général de la colonie?

La raison ou la foi politique ne supplée pas à tout !

Il eût été facile de choisir dans l'armée ou dans la marine un officier plus complet, plus compétent, pour exercer les fonctions tout à fait spéciales que le gouverneur du Tonkin allait avoir à remplir pour fonder une colonie.

Ceux qui ont vu de près cet officier général ont trouvé une grosse ambition déçue au fond de ce caractère de soldat, qui, lui aussi, avait peut-être rêvé la présidence de la République !

Certes, il eût été beaucoup plus sage de laisser l'amiral Courbet gouverneur général de l'Indo-Chine, il en eût été le pacificateur ; nous n'aurions eu ni Bac-Lé ni la guerre de Chine, et nous serions aujourd'hui plus riches d'un milliard, avec beaucoup de préoccupations en moins... et quelques vaillants hommes en plus.

Il est bien vrai qu'une faiblesse n'est jamais que la préface d'une seconde. Nous allons montrer, en quelques

mots, quelles ont été les conséquences du remplacement
de l'amiral Courbet par le général Millot.

L'affaire de Bac-Lé, qui fut le résultat d'une grande
imprudence, sur laquelle, par patriotisme, il vaut mieux
jeter un voile, fut la cause de la rupture des préliminaires
du traité de Tien-Tsin.

Au point de vue politique, au point de vue de nos intérêts réels, on peut penser que la guerre de Chine n'a eu, de
fait, d'autres résultats que de faire dépenser à la France le
triple de l'indemnité de guerre que le gouvernement voulait réclamer au Céleste Empire et de retarder, en même
temps, l'œuvre de pacification et de colonisation du Tonkin.
M. Jules Ferry, alors président du conseil, avait prononcé
à la tribune des paroles imprudentes. Il exigeait de la
Chine une indemnité de guerre de 200 millions.

L'amiral Courbet, à son point de vue d'homme de guerre,
avait pu prévoir les conséquences de ces menaces; une ma-
nifestation sur la côte de Chine lui avait, d'ailleurs, toujours paru indiquée pour obtenir du Céleste Empire des
garanties d'avenir pour notre colonie; mais réclamer
200 millions au gouvernement de Pékin, c'était exiger
l'impossible.

Cette pensée de couvrir les frais de la guerre au Tonkin
par une indemnité payée par la Chine, elle-même, ne pouvait réellement séduire que des esprits tout à fait inconscients, fort peu éclairés sur la situation économique du
Céleste Empire et sur la façon dont procèdent les autocrates
de l'Asie pour équilibrer leurs budgets. L'empereur de
Chine était dans l'impossibilité absolue de trouver une
pareille somme.

Ces 200 millions, qui pesaient à peine une once dans la

pensée du président du Conseil, représentent, là-bas, une somme énorme. — L'argent n'a qu'une valeur relative, et 200 millions monnayés, en Chine, équivalent peut-être, le calcul en est assez compliqué à faire, à trois ou quatre milliards. — A qui le gouvernement de Pékin pouvait-il les demander? — Aux gouverneurs des provinces, à des chefs de pirates, — tous indépendants et qui se seraient bien gardés de répondre à l'appel de leur souverain!

L'empereur de Chine offrit, dit-on, 20 millions; c'était la limite de ses efforts. — Nos exigences irréfléchies équivalaient donc à une déclaration de guerre.

C'est ainsi, sur des paroles si légèrement, si inconsciemment prononcées, que la France s'est trouvée engagée dans une lutte qui a montré le dévouement sans bornes de ceux qui ont été appelés à la soutenir, mais qui, en définitive, a coûté très cher à la France! Tant de dévouements sont restés improductifs et l'orgueil de la Chine n'a pas été abaissé, — bien au contraire!

Voilà comment se jouent les destinées des peuples! — Voilà comment il arrive que, par une suite d'inconséquences, l'entreprise du Tonkin n'a pas encore réussi, quoique au début elle ait pu paraître fort simple. — Aujourd'hui, elle s'est beaucoup compliquée, et elle ne peut plus finir... à moins que la sagesse ne nous inspire et que, par une entente de confraternité humaine, nous abandonnions nous-mêmes à d'autres mains que les nôtres ce qui est pour nous une charge un peu lourde. Une autre nation que la France trouverait maintenant dans la possession de l'Indo-Chine une source d'immenses richesses.

Ces considérations sont dans la pensée de tous ceux que l'intérêt ou la passion politique n'aveuglent pas; et elles paraîtront même tellement avérées, qu'en le constatant nous avons souvent hésité à les publier.

Mais il arrive trop souvent, hélas! dans notre beau pays de France, que, en dépit des plus grands efforts, notre action de loyauté et d'honneur se trouve paralysée par l'ignorance où l'on est des véritables et des plus chers intérêts de la patrie. — Les événements dont l'extrême Orient ont été le théâtre sont très diversement appréciés. On espère toujours! — L'opinion publique reste indécise, égarée, faute de documents authentiques; l'aveuglement des partis a achevé de porter le trouble dans une situation qui, pour être appréciée, doit être mise en pleine lumière.

Il faut s'arrêter dans la voie des sacrifices inutiles et chercher ailleurs une solution.

Cherchons-la dans la paix et dans des gages de confiance échangés pour arrêter l'Europe indécise elle-même, avec ses armées toutes prêtes à la guerre, en dépit des peuples qui la combattent, qui la repoussent de toutes les forces de la pensée et de la justice.

Il est pénible de s'étendre sur les inconséquences de la politique de son pays. Quoi qu'il en soit, cette note peut servir à montrer à chaque citoyen de France sa part de responsabilité.

La marine a eu d'abord la direction politique et militaire de l'entreprise du Tonkin. Elle a cessé de l'avoir, de fait, le jour du remplacement de l'amiral Courbet... On peut juger aujourd'hui de l'étendue des conséquences de cette faute; ce fut le premier acte d'abandon, réfléchi ou irréfléchi, du ministère de la rue Royale dans les affaires d'Indo-Chine. Elles sont aujourd'hui livrées à un sous-secrétaire d'État qui ne dépend plus, en réalité, d'aucun ministère..

compétent ou responsable. Le sous-secrétaire d'État dépend, de fait, du ministère de la guerre et de celui de la marine; devant le Parlement, du ministère de l'intérieur.

D'ailleurs, la situation n'est pas facile, et si l'amiral Jaurès, pendant les quelques jours qu'il a passés à la rue Royale, a renoncé à la diriger, c'est qu'il la voyait grosse de difficultés et d'orages. Il faut assurément une grande indépendance, un véritable patriotisme pour affronter tous les périls parlementaires, toutes les attaques de presse et continuer à agir en dépit de toutes les oppositions, en évitant, autant qu'il est possible de le faire, les côtés faibles, les *erreurs obligatoires* de sa propre politique!

Les grands hommes d'État dédaignent les attaques et ne voient que la lutte, le but à atteindre, pour la grandeur de leur pays. Ces hautes considérations inspirent, sans aucun doute, le sous-secrétaire d'État aux colonies, mais connaît-il ces pays, éloignés de la rue Royale, pour les administrer et les diriger politiquement et militairement?

A vrai dire, le ministre de la marine avait été trop heureux d'esquiver les responsabilités. Le sous-secrétaire d'État les a toutes prises!

Quoi qu'il en soit, M. de Lanessan, malgré les pouvoirs les plus étendus qui lui ont été accordés en prenant la direction du gouvernement de l'Indo-Chine, se trouve aujourd'hui aux prises avec les plus grandes difficultés, parce que le mal est profond. La Cochinchine est, elle-même, à bout d'expédients. La situation était désespérée il y a quelques mois.

Avec la meilleure volonté du monde, ce n'est pas sans ressources budgétaires qu'on peut prétendre à combler des déficits. Il faut beaucoup d'argent pour créer une colonie, et c'est ce qui nous manque ! C'est une propriété qu'il faut mettre en rapport et qui exige une première mise de fonds considérable. Cette première mise de fonds, pour le Tonkin, a été un peu forte, nous en convenons... et, jusqu'à présent, elle est restée improductive. Mais il n'y a pas à revenir sur les fautes commises ; il faut les réparer à tout prix. Si nous en parlons encore, c'est qu'elles ne sont un mystère pour personne.

FRANCE ET ALLEMAGNE

Nous avons montré le Tonkin tel qu'il est aujourd'hui, tel qu'il sera demain et pendant bien des années encore.

Notre politique en extrême Orient nous a éloignés du but que la France républicaine s'était engagée à poursuivre, en donnant au pays l'espoir de reprendre nos deux provinces, soit par la force des armes, soit par la paix, comme conséquences des combinaisons de la politique européenne.

Tous les patriotes n'ont cessé d'avoir les yeux fixés à la frontière et ce n'est pas sans regrets qu'ils ont dû les porter jusqu'au centre de l'Asie, si loin de nous ! L'insuccès du Tonkin n'est pas fait pour calmer ces regrets et faire oublier le but à atteindre ! Cependant, nous trouverons peut-être un jour, dans ce Tonkin même, le prix de nos efforts.

L'Allemagne, dont la population déborde, est, depuis vingt ans, préoccupée d'essais de colonisation qui lui permettraient d'ouvrir de nouveaux horizons à son génie commercial et industriel. L'Indo-Chine, il faut le reconnaître, est déjà sous l'influence de l'Allemagne, c'est son

commerce qui fait prime sur les marchés de notre colonie
d'extrême Orient.

En arrivant à Saïgon, on ne voit pas sans étonnement
le pavillon allemand qui domine. Il s'est imposé. On
compte, en moyenne, quinze navires allemands pour un
français. Un tel état de choses donne une première impres-
sion navrante ; cependant, en réfléchissant, nous pourrions
peut-être trouver dans les tendances mêmes de l'Allemagne
une solution au grand problème qui nous tient tant au
cœur : rentrer en possession de nos deux provinces en faisant des concessions, des sacrifices comme gages, qui
mettraient fin aux rivalités de deux pays faits pour s'unir
dans la paix, au nom des grandes doctrines humanitaires
qui rapprochent tous les peuples.

Si les produits de l'Allemagne font prime dans notre
colonie, si tout le commerce de l'Indo-Chine se fait sous
le pavillon allemand, il est permis de croire et de dire que,
là où nous avons échoué, l'Allemagne aurait réussi.

La France n'a, en réalité, en Indo-Chine, que les
charges et les responsabilités qui s'imposent dans l'occupation d'un pays ; ces responsabilités lui coûtent des hommes
et de l'argent.

Quelques fonctionnaires y trouvent à vivre ; ils étaient
pour la plupart des déclassés dans l'administration de la
métropole.

Est-ce pour une œuvre semblable, pour un résultat
aussi équivoque que la France a oublié ses intérêts les
plus chers et s'est résignée à des sacrifices qui la ruinent ?

En résumé, si au Tonkin nous n'avons pas réussi pour

nous-mêmes, nous avons, le fait est indéniable, préparé la voie à de grandes exploitations qui pourraient servir à d'autres nations. Ayons le vrai courage, la vraie force de reconnaître notre impuissance coloniale et cherchons, dans l'histoire même du Tonkin, les grands enseignements que nous pourrions en tirer, même au point de vue de la politique européenne.

Est-ce la paix ou la guerre que l'avenir nous réserve?

Si le grand mouvement socialiste et humanitaire qui semble ébranler tous les gouvernements de notre vieille Europe pouvait avoir comme conséquences la paix du monde, certes l'humanité aurait fait un grand pas. Le socialisme cesserait d'être une menace et tendrait à l'apaisement des partis, en arrêtant l'ambition des chefs de dynastie et en mettant un terme aux luttes de nation à nation. Il n'est pas de pire fléau que la guerre, et le jeune empereur d'Allemagne pourrait, s'il le voulait, — il le peut, — jouer un rôle dans le monde, mille fois plus glorieux que celui des Alexandre et des César; il dépasserait dans l'histoire de l'humanité les plus grands conquérants. Voilà l'ambition d'un maître de l'univers. Il l'est aujourd'hui, il ne le sera peut-être pas demain!

La guerre est toujours une horrible épreuve; ce n'est, de fait, qu'une boucherie. C'est une de ces folies d'extermination qui ne se justifient que lorsqu'il s'agit de défendre son foyer, son bien, sa famille, sa patrie. Les peuples ont cessé d'être des troupeaux inconscients de leurs intérêts. Mais, je le crains, les ambitieux qui les dirigent encore, comptent sur des guerres de conquêtes, qui déshonorent souvent même le vainqueur dans les triomphes de ses victoires.

Ces pensées peuvent se soutenir, l'Allemagne est peut-

être plus près qu'on ne le croit généralement en France
de les préconiser elle-même. Les deux pays, autant l'un
que l'autre, redoutent la guerre ; l'Angleterre est la seule
nation qui profiterait des luttes du continent. Elle les dé-
sire peut-être ? Elle est restée *la perfide Albion*, et c'est
son ambition qu'il faudrait réduire ou dédaigner, tout
d'abord. C'est l'Angleterre qui retardera le grand mouvement socialiste de l'Europe, mais ne l'arrêtera pas.

L'Anglais n'est pas brave par nature, mais il a l'instinct
de ses intérêts plus qu'aucun citoyen du monde. Il est
orgueilleux de ses flottes, qui lui assurent la liberté des
mers ; mais il s'attend à les voir désarmées un jour, sous
la pression du mouvement socialiste, qui étreint le
Royaume-Uni plus puissamment encore, peut-être, que
les peuples du Continent. — La riche Angleterre ne saurait prétendre plus longtemps à l'empire absolu des mers.
Cependant, elle a occupé sur la carte du globe tous les
points les plus importants. Sa politique a été très simple :
elle a tout pris, tout accaparé. De nos jours, elle prend
l'Égypte et l'isthme de Suez, la clef du commerce du
monde. Elle nous a conduits en Crimée pour défendre le
Grand Turc uniquement à son profit... Nous avons perdu
100 000 hommes contre les Russes ! C'est pour une œuvre
semblable que l'Angleterre a tendu la main à l'Empire ;
c'est une grande nation et sans préjugés. Rien ne l'arrête !

Que de fautes à réparer pour notre République, qui, pour
rester forte, devrait toujours être prudente et sage ! Pour
rendre la France grande et prospère, ne doit-elle pas aban-
donner tous ces faux principes de politique coloniale qui
sont comme la trace ineffaçable des fautes des gouvernements qui l'ont précédée ? Ne doit-elle pas repousser un

semblable héritage et chercher dans ses intérêts vrais, indiscutables, l'inspiration de sa politique extérieure?

Le véritable triomphe de la République est d'avoir évité la guerre en Europe depuis vingt ans. Il est bien vrai que c'était la France monarchique qui suscitait ces luttes dont elle a elle-même tant souffert. Elles n'ont eu souvent d'autres causes qu'un faux orgueil ou des intérêts dynastiques.

Nous ne désespérons pas de voir se continuer cette ère de paix ; et si l'Europe, armée jusqu'aux dents, toute prête à la guerre, en dépit des peuples qui n'aspirent qu'à la paix universelle, était amenée au désarmement, elle aurait atteint, du même coup, le grand but humanitaire et de progrès qui devrait marquer la fin du xixᵉ siècle.

L'empereur d'Allemagne est l'arbitre du monde. En faisant appel aux travailleurs de l'Europe, il s'est mis à la tête du grand mouvement socialiste de son peuple. Les idées belliqueuses de l'Allemagne sont faussement entretenues dans une haine pour la France qui n'aspire qu'à la paix, quand ses provinces lui seront rendues.

Que les Allemands ne s'y trompent pas : la France est toute prête à désarmer, elle ne veut plus la guerre ; elle l'a prouvé depuis vingt ans ; elle abandonnerait ses colonies d'extrême Orient qui lui ont coûté tant d'efforts et dont l'Allemagne saurait tirer grand profit.

La Rome ancienne avait élevé sur le mont Capitolin un temple consacré au dieu de la paix ; il restait ouvert pendant la guerre.

Le plus imposant monument de la grandeur de la France, celui auquel la République pourrait convier tous les peuples, tous les travailleurs de l'Europe, devrait être

un nouveau temple de Janus bâti sur notre Champ-de-
Mars ; un monument qui, contrairement à l'usage antique,
resterait toujours ouvert pour y fêter la concorde et la
paix du monde.

De semblables pensées ne sont-elles pas des illusions,
des chimères ? L'âge d'or, dira-t-on, ne saurait revivre sur
la terre, et le fléau de la guerre est nécessaire à l'humanité.

Qu'il soit permis, cependant, d'espérer encore dans
l'avenir et dans la sagesse des hommes.

Sans doute, les grands mouvements de patriotisme et
de dévouement se font jour dans les dangers, sur les
champs de bataille ; mais les grandes vertus, les grands
courages, trouvent aussi leur place pendant la paix, et je
ne crois pas que la guerre soit un fléau de Dieu.

Il n'est pas un souverain, à son lit de mort, qui n'ait
regretté les grandes effusions de sang dont il a été cause.
La France républicaine et la rêveuse Allemagne s'in-
spireront peut-être, pour décider de leurs destinées, des
dernières paroles de Louis XIV et de Napoléon.

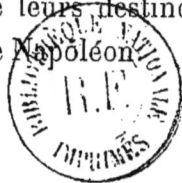

Paris. — Typ. Chamerot et Renouard, 19, rue des Saints-Pères. — 28312.

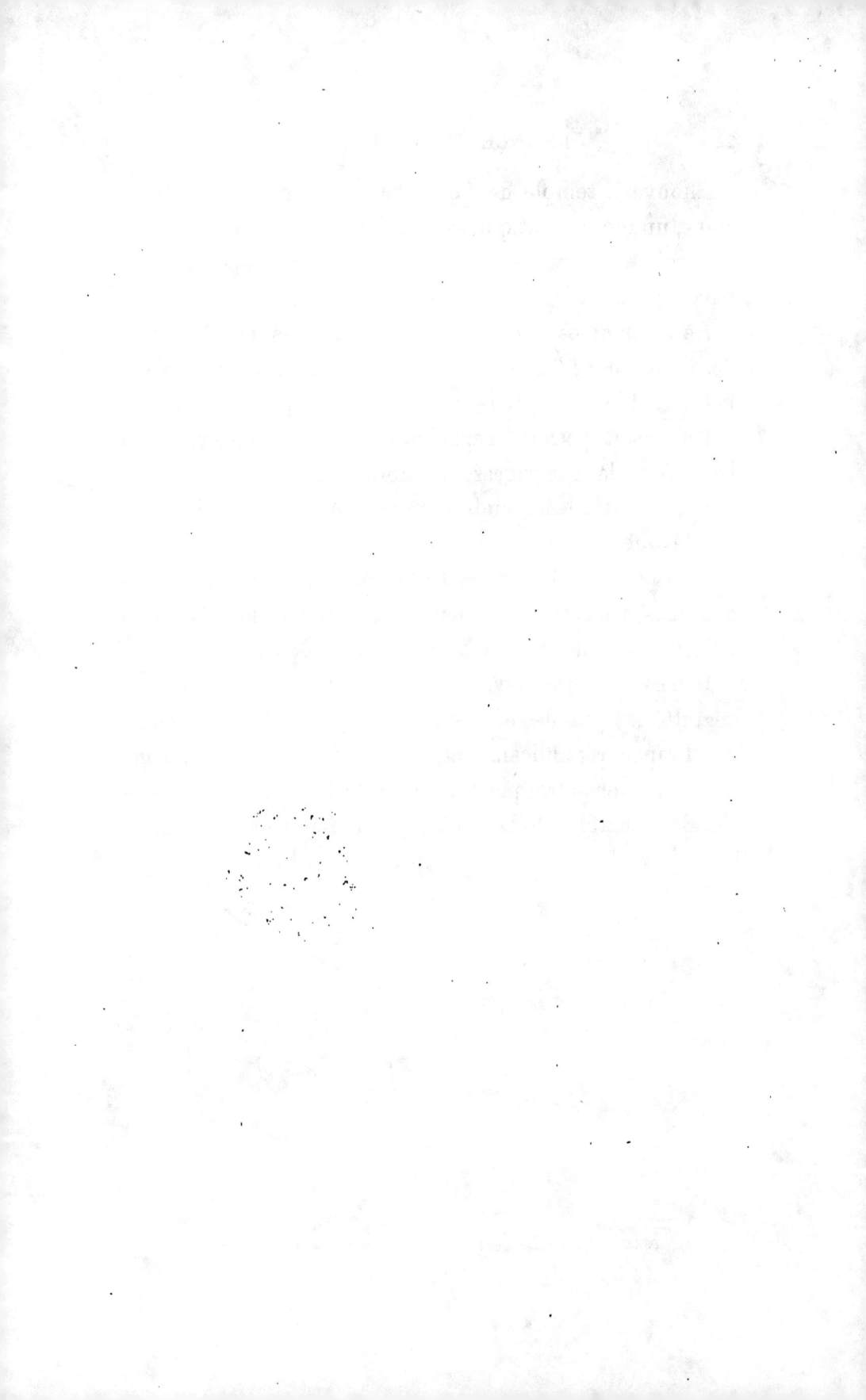

www.ingramcontent.com/pod-product-compliance
Lightning Source LLC
Chambersburg PA
CBHW070745280326
41934CB00011B/2799